AF205883

Otto Abt
Verzaubert vom Frühling

Haiku/Senryu

**Der Schatten ist ein
Sohn der Sonne, Abbild der
Schönheit und Kraft**

Für Balthasar Arjuno Abt

Bibliografische Information der Deutschen Nationalbibliothek:
Die Deutsche Nationalbibliothek verzeichnet diese Publikation in der
Deutschen Nationalbibliografie; detaillierte bibliografische Daten sind
im Internet über dnb.dnb.de abrufbar.

Otto Abt: Verzaubert vom Frühling. Haiku/Senryu. Siegen: Otto Abt/
Norderstedt: BoD 2019; ISBN 978-3-7481-2419-1

Umschlag: *Seny* (Annette Besgen, 2010)

VORWORT

Jedes Haiku ist
eine Welt für sich. Warte
bis sie sich öffnet

Wenn man ein Haiku liest, sollte man sich Zeit und Muße nehmen. Erst dann erschließt sich sein Reichtum, seine Schönheit. Erst dann findet man den Zugang zu seinem Inhalt und damit zuletzt schließlich auch zu sich selbst. Beim Lesevorgang ist ein aktives Mitwirken schon in der Vorphase wünschenswert, denn ohne dieses Zutun bleibt das Geschehen der Poesie verborgen.

Der Verfasser kann mit seiner vertiefenden Darstellung, nur eines von viele Phänomenen aus der Wirklichkeit erfassen, seine Bedeutung aufblühen lassen in einer Zeit der Umweltzerstörung.

Haiku sind eine japanische Lyrikform aus drei Zeilen mit je 5/7/5 Silben. Die vorliegenden Beispiele wurden von einem Abendländer geschrieben und unterscheiden sich von der ursprünglichen Dichtungsweise. Bei den sich anschließenden Senryu, einer Sonderform des Haiku, handelt es sich um die Meinung des Verfassers. Über deren Gültigkeit möge der Leser selbst entscheiden. Der Verfasser hofft, dass es ihm in seinen kleinen Gedichten gelungen ist, Selbsterlebtes gut zu verdichten und gleichzeitig für den Leser wertvoll zu machen. Viel Freude und Gewinn beim Lesen!

Otto Abt, Frühjahr 2019

Haiku

Ein Diadem aus
rosa Knospen krönt den Baum
zur Frühlingsfeier

Die Fliederdolden
tauchen mich wie mit Händen
tief in Maienlust

Der Zwiegesang von
Drosseln: Perlen hüpfen hell
in mein Herz hinein

Von Vogelstimmen
erfüllt, vom Wind umfangen
erblüht mein Gedicht

Goldregenblüten
jubeln in Melodien
der Nachtigallen

Die Sonne verscheucht
die Nebelbrut, weckt lustig
die verträumte Flur

Der Lärm tollender
Buben mischt Lichter mit keck
vergnügter Jugend

Seine eigene
Jugend im Spiel der Kinder
noch einmal erleben

Rosenduft glänzt auf
beim Amsellied, schwebt empor
zu seligem Blau

Ein laues Wehen
bringt die Lüfte zum Tanzen nach
Rhythmen der Anmut

Strahlen leichter als
Daunen umhüllen die Haut
schenken mir Sanftmut

Die milde Stimme
des Abendhauches streichelt
sacht meine Seele

Glitzerteppich aus
Wasser, darauf gleitet der
Schwan, die Stille spricht

Vom See umspültes
Juwel winkt so heiter: die
Blutenburg[1] im Licht

Die Inselmühle:[2]
Fluten tosen – ich höre
daraus mein Haiku

---

[1] Wasserschloss in München/Obermenzing
[2] Wassermühle ebendort

Schmuck grüßt der Kirchturm
von Sankt Georg, lauscht verzückt
dem Sang der Engel

Vom Gottesdienst schallt
Jubel, strömt durch offene
Tore übers Land[3]

Den Geist Gottes froh
der Welt offenbaren, neu
durch Architektur

---

[3] Die moderne Herz Jesu Kirche München u.a. mit dem größten Kirchenportal
der Welt

Die Pfingstsonne tränkt
die Welt mit Glanz, erweckt sie
zur Fülle im Geist

Meer aus Gezwitscher
Klangwellen spiegeln Freude
ich springe ins Glück

Ein Netz der Musik
schwebt hell vom Himmel, umhüllt
lind mein Empfinden

Rhododendron wogt
kühn am Hang in Farbschwaden
zum Azur empor

Die Blumen sprechen
ertönen so köstlich gefärbt
besingen den Tag

Fronleichnam: Fahnen
Prozession, Musik, Monstranz –
Der Glaube ist bunt

Kevelaer,[4] für die
Pilger ein Ort der Gnade
mir unbegreiflich

---

[4] Bedeutende Wallfahrtsstätte am Niederrhein

Klee schaut wie Augen
neugierig aus dem Blattwerk
funkelt vor Freude

Zwei Kohlweißlinge
turteln dicht überm Flieder
plaudern vom Sommer

Duft von Kamille
eilt heilend zum Atem, schafft
Schwung zur neuen Tat

Die Fontänen der
Baumzweige spenden Schatten
kühlen bei Hitze

Wolkenbrief hoch in
Lüften, bringt meine Grüße
weit fort, hin zu Dir

Ein Luftzug liebkost
mich, weht sein Schmeicheln durch die
Ferne sanft Dir zu

Der feste Leuchtturm
weist mit gleißendem Pfeil auf
den Weg durch die Nacht

Mein Blick schweift übers
Meer. Am Horizont ziehen
die Schiffe, wohin?

Javaner lächeln
behutsam mir Fremden zu
von Eintracht beseelt:

Vertrauen ins Jetzt;
Religion, Kunst, Natur
bilden ein Ganzes

Gamelanmusik
ist das Atmen der Seele
eint Mensch und Natur

Ein Gongschlag[5] umhüllt
mich mit Harmonie, Frieden
leitet zum Urgrund

Umwebt vom Gesang
strömt Gamelan so heiter
zur nächtlichen Ruh

---

[5] Javanisches Gamelanorchester besteht hauptsächlich aus verschiedenen Gongs und Klangstäben

Wie Schafe schlafen
die Berge unter warmer
Decke aus Buschwerk

Der Morgen weckt mich
mit fröhlichen Rufen der
Straßenverkäufer

Von weitem dringt ein
leises Lachen zu mir, von
Winden getragen

Durchs Fenster grüßt das
weiche Blau vom Merapi
umarmt von Wolken

Aufwärts zum Lawu[6]
Reisopfer auf steilem Pfad:
den Göttern so nah

---

[6] Merapi und Lawu sind Vulkane auf Java

Hütte auf Pfählen
im Reisfeld: ein Paradies …
„Denk an die Mücken!"

Abschied aus Java
deine heiteren Stimmen
begleiten mich stets

Klang des Gamelan
schimmert, entschwebt in Mondschein
und die Nacht erblüht[7]

Cembalospiel zieht
in silbernen Bahnen durch
das düstre Gewölk

---

[7] Bei Gamelankonzerten mit traditioneller, javanischer Musik im Park am
Oberen Schloss, Siegen/NRW, zuletzt 2018 bei der »Nacht der tausend Lichter«

Autobahnkirche
Wilnsdorf:[8] Wie Origami
aus geformtem Stein

Gleich Diamanten
glitzern aus dem grünen Tal
froh weiße Häuser

---

[8] Modernes Gebäude von Schneider und Schumacher (Frankfurt) mit
Weltgeltung

Auf dem dunklen Zweig
winken rote Himbeeren
locken mit Süße

Lichtbündel zwängt sich
durchs Blätterdickicht, verklärt
Früchte zu Rubin

Hohe Tannenwand
dunkelt von bösen Riesen
die poltern hierher

Aus der Ferne die
Hügel wie Notenzeilen:
Horch auf das Klingen

Der Tag erwacht, schiebt
munter die Wolkenkissen
zur Seite, springt auf

Er gleitet schelmisch
die Hänge hinab, wirft sein
Lachen in das Tal

Der Morgen öffnet
mein Herz: Freudenhymnen
sprudeln klar heraus

Berge und Matten
im Frühdunst, mildes Schimmern
kündet von Hoffnung

Weiche Morgenluft
schmiegt sich an mich wie ein Kind
mit zartscheuem Kuss

Nadelforst im Wind
rauscht mit sanften Stimmen, raunt
von fernen Wesen

Wust aus Schwaden streicht
übers Feld, Regenwolken
schenken neuen Mut:

Getränkte Blumen
heben frisch ihre Häupter
in leuchtender Kraft.

Die Funkeltöne
der Vögel umgarnen mich
als Teil der Natur

Im Segelflugzeug:
Erdenschwere vergessen
Land neu entdecken

Das Land da unten:
eine Spielkiste bunter
freundlicher Karrees

Wie schlechter Atem
lastet die Hitze, droht, das
Leben zu lähmen

Dort oben im Blau
tummeln sich weiße Knäuel
rufen den Regen

Grollen der Blitze
von weit. Wind kommandiert der
Wolkenmeute: gieß!

Orkan brüllt ums Haus
Blitze schleudern Flammen auf
die bebende Flur

Nasser Schmetterling
rettet sich auf meine Hand
dann zieht es ihn fort

Nachts im Wald - Bäume
drohen finster als Monster
Wo funkelt ein Licht?

Lautlos naht der Tag
segnet das Land mit Helle
Wunder der Schöpfung

Ährenfeld wogt leis
wartet geduldig auf die
Reife zur Ernte

Mild gelber See aus
Getreidefeldern begrüßt
die Hügel beim Tanz

Knorrige Wurzel
quert den Fußpfad, erzählt von
uralten Zeiten

Der Strauch nah unserm
Haus vom Grab des Großvaters
schickt Blütengrüße

Einsamer Falter
fliegt über dem Wiesenflor
Wie lang lebt er noch?

Der Mensch zerstört erst
die Natur, dann sich selbst, wenn
die Gier ihn beherrscht

Senryu

Sein Bestes tun, doch
Ihn entscheiden lassen, ist
der richtige Weg

Sein Wille geschieht:
Mühsam muss man lernen, dass
Er es besser weiß

Ohne Licht wäre
kein Schatten, schau zur Sonne
wenn er Dich bedrückt

Wenn das Schlechte herrscht
reicht Er Dir gütig die Hand
Ergreife sie fest

Deine Talente
sind nicht von Dir, pflege sie
als Geschenk von Ihm

Hochmut ist dumm, schenkt
einem kein Heil, weil er Ihn
stolz außeracht lässt

Mit seinen Gaben
Menschen zu bereichern, bringt
Erfüllung, Freude

Im Alter entdeckt
man ein Bild im Gewebe
eigenen Werdens

Gelassenheit ist
die Frucht von Gottvertrauen
Lass Ihn nur walten!

Die Gier nach Besitz
ist der Quell aller Unrast
verzichtet auf Glück

Schale sein für die
Gnade Gottes: sei das Ziel
menschlichen Strebens

Zur Wahrheit führen
viele Wege, doch ihr Kern
bleibt unerreichbar

Die Wahrheit ist so
vielschichtig, nur mit allen
Kräften naht man ihr

Logik hat ihre
Grenzen, sie entdeckt nicht die
Fülle der Wahrheit

Was zur Mittagszeit
zu grell gleißt, offenbart sich
oft im Schatten

Lausche schrankenlos
bereit: Der Sinn des Daseins
schenkt sich dann, führt Dich

Eine Welt erscheint
neu in dieser Welt: ein Stern
Andino[9] zaubert

Zaubern verweilt nicht
beim Schein, dringt tiefer schenkt uns
das Spiel in der Kunst

Das Zaubern ist die
Philosophie der Sonne
Es schenkt Wärme, Licht

---

[9] Bekannter deutscher Zauberer, der seine Kunst in ein philosophisches
Gewand kleidet und im Spiel sich der Wahrheit nähert

Zaubern zeigt unser
Nichtwissen. Gott vertrauend
nimm es gelassen

Zaubern ist ein Spiel
umhüllt die Dinge mit Glanz
schenkt uns Heiterkeit

Ein Teil der Wahrheit
entschleiert sich beim Zaubern
in entspannter Schau

Die Schätze der Welt
gebe ich dahin für ein
Leben mit der Kunst

Das Gedicht ist ein
Teil dieser Welt, führt tief in
ihr Wesen hinein

Statt eines Nachworts
Das Wunder von Palu/Indonesien

Das Flugzeug steht auf dem Flughafen von Palu.
Langsam trotten die Passagiere heran. Noch ein paar
Fotos hier und dort. Man hat es nicht eilig und trennt
sich auch ungern von der schönen Stadt.
Den Piloten ergreift ein ungutes Gefühl. Er weiß nicht,
was es ist, aber irgendetwas befiehlt ihm, sofort zu
starten. Er ruft aus dem Fenster den Einsteigenden zu:
Schnell, schnell. Wir müssen sofort fliegen! Nur
widerwillig folgen ihm die Passagiere. Was der Pilot
wohl hat?

Der Mann im Tower gibt den Flug frei. Die Motoren
heulen auf. Endlich hebt sich die Maschine in die Höhe,
begleitet von den Durchsagen des Fluglotsen.
Plötzlich hört der Kapitän neben der Kopfhörerstimme
des Lotsen Schreie. Schreckensrufe, die dem Lotsen
gelten: »Komm sofort herunter! Raus aus dem Turm!«
Dieser bleibt ruhig und gibt dem Piloten Anweisungen.
Das Flugzeug steigt und schraubt sich sicher in die
Höhe.

Ein Blick aus dem Fenster aber lässt alle erstarren. Das
Meer schäumt über den Flugplatz, über die Stadt, übers
Land. Der Tower stürzt ein. Da begreifen 144

Passagiere und die Besatzung, dass man gerade dem Tode entronnen ist. Die Überlebenden in der Luft sprechen ein Dankgebet. Der Lotse hat sein Leben für sie geopfert.

Palu, 27.09.2018

Eine Geschichte, die nachdenklich macht angesichts der vielen Toten, die an diesem Tagen ihr Leben durch den Tsunami lassen mussten. Der Sinn für Gottes Walten bleibt uns Menschen verborgen, übersteigt unsere Verständniskraft. Uns bleibt nur ein demütiges: »Dein Wille geschehe«

Beides existiert: Das Schöne. Das Schreckliche. Dem sollten wir uns mit offenen Augen stellen und an den Ausgleich im Jenseits glauben; denn Gott ist die Liebe.

In memoriam amicum meum

Raden Mohamad Soedioko
Sesepuh Ahli Waris Kanjeng
Sunan Kalijaga Raden Sahid

Kadilangu/Indonesien

Otto Abt, Mitglied des FDA, lebt in Siegen. Er wurde 1931 als Sohn einer Lehrerfamilie in Stenden (Kerken/Niederrhein) geboren. Nach dem Abitur in Borken/Westfalen besuchte er die damalige Pädagogische Akademie in Essen-Kupferdreh, wurde Lehrer im Siegerland und beendete 1993 den Schuldienst als Rektor.

Bereits während der Gymnasialzeit beschäftigte sich der Autor mit asiatischer Kultur und vertiefte später sein Wissen an der Universität Köln und während zahlreicher Asienreisen. Er erhielt eine Ausbildung im Handpuppenspiel durch Friedrich Arndt, dem Vertreter der Hohensteiner Kasperlebühne. Heute ist er Lehrer für Tai Chi und Marga Luyu 151, eine javanische Geheimkunst.

Otto Abt gründete 1991 zusammen mit seiner Frau, einer Indonesierin, das Siegener Gamelan-Orchester, das ihnen privat gehört und authentische javanische Musik spielt. 1998 brachten sie eine CD heraus. Abt ist Mitbegründer und Vorstandsmitglied der Deutsch-Indonesischen Gesellschaft Südwestfalen e.V.

Friedhelm Schick, Kreuztal, bearbeitete Abts Kompositionen und führte diese mit dem LSD-Quartett (Lahn, Sieg, Dill) seit 2015 in mehreren Konzerten im Siegerland erfolgreich auf. Am 22.03.2018 spielte Klaus Kärcher, ehemaliger Solo-Oboist des Gürzenich-Orchesters, Abts Komposition *Abendlied* in der Bearbeitung und mit Klavierbegleitung von Friedhelm Schick als Uraufführung in Siegen.

Otto Abt veröffentlichte bisher 17 Bücher

1999 *Aufbruch, Unterwegs, Abschied,* Gedichte; Verlag Arthur Göttert

2001 *Von Liebe und Macht – Das Mahabharata neu erzählt;* Horlemann-Verlag

2001 *Schon schimmert Licht,* Gedichte; Verlag Arthur Göttert

2002 *Gamelan aus Java – Zum Verständnis der Musik;* Videel-Verlag

2003 *Botschaft der Hoffnung und Freude – Das Ramayana neu erzählt;* Horlemann-Verlag

2005 *Worte aus der Stille – HaikuSenryu;* Durchblick-Verlag Siegen

2007 *Juwelen aus dem Regenwald – Panji und Sekar Taji;* Horlemann-Verlag

2008 *Der Alltag ist spannend – Ein Kaleidoskop aus Erlebtem, Reflektiertem, Erdachtem;* Triga – Der Verlag

2009 *Herbstblätter – Haiku/Senryu;* Deutscher Lyrik Verlag

2010 *Auch das ist Islam – Sunan Kalijaga, der große Apostel aus Java;* Triga – Der Verlag

2010 *So war es im Siegerland – 50 Jahre Mäckes;* Durchblick-Verlag Siegen

2011 *Gelebter Augenblick – Haiku/Senryu;* Durchblick-Verlag Siegen

2014 *Verborgene Weisen – Haiku/Senryu;* Durchblick-Verlag Siegen

2016 *Schwester Natur – Haiku/Senryu;* BoD-Verlag

2017 *Sommerklangspiele – Haiku/Senryu;* BoD-Verlag

2018 *Heitere Lichter – Haiku/Senryu;* BoD-Verlag

2019 *Verzaubert vom Frühling – Haiku/Senryu;* BoD-Verlag

Veröffentlichungen in verschiedenen Medien

Berthold Damshäuser (Hg.): *Orientierungen. Zeitschrift zur Kultur Asiens.* Heft 2, 1997; Universität Bonn

Bibliothek Deutschsprachiger Gedichte, Ausgewählte Werke IX/X. München: Realis Verlag 2006/2007

Bibliothek der Brentano Gesellschaft, Frankfurt/M: *Das Neue Gedicht 2004*

Prof. Dr. Udo Tworuschka et al. (Hg.): *Religiopolis. Weltreligionen erleben.* Stuttgart: Ernst Klett Verlag 2004/05

verschiedenen Ausgaben des *Südostasien Magazin* ab 2007; Hg.: Dr. Frank D. Wickl u. Sabine Miehlau

KORA-Kalender 2007, Haiku

Ein kleines Buch voll Liebe. Stuttgart: Pons-Verlag 2009

Berthold Damshäuser, Michael Rottmann (Hg.): *Wege nach – und mit – Indonesien.* Berlin: regiospectra-Verlag 2015

Panji – Wiederbelebung eines javanischen Kulturerbes. In: Kita. Magazin der Deutsch-Indonesischen Gesellschaft. Köln Nr. 1/2015

durchblick Autorenzeitschrift; Durchblick-Verlag Siegen: 1/2018; 1/2015; 3/2014; 4/2013; 2/2012; 3/2011

Literatur-Radio Bayern: Beitrag mit Interview und Lesung aus *Schwester Natur* (9.10.2016); Lesung aus *Heitere Lichter*, gestaltet und vorgetragen von Susanna Bummel-Vohland unter »Lyrik am Sonntag« (18.06.2018)

Weitere Informationen zum Autor finden sich u.a. auf Wikipedia, im Kürschner Deutscher Literaturkalender (seit 2002), im Deutschen Schriftstellerlexikon des BDS (seit 2004), in der Presseübersicht der Deutsch-Indonesischen Gesellschaft Südwestfalen e.v., im Kulturhandbuch des Kreises Siegen-Wittgenstein, im Katalog der deutschen Nationalbibliothek sowie in der 13-seitigen Abhandlung *Javanische Kultur in der Gedichtsammlung von Otto Abt* von Yati Sugiarti, UNY Yogyakarta, anlässlich der Germanistentagung 2010 in Indonesien. Im durchblick, Autorenzeitschrift, Durchblick-Verlag Siegen 3/2017 (Crauss: *Mut auf Leben mit Gedichten*)